MADEMOISELLE

MIMI PINSON

PROFIL DE GRISETTE

PAR

ALFRED DE MUSSET

PARIS

1899

MADEMOISELLE

MIMI PINSON

TIRAGE A 115 EXEMPLAIRES

N° 108

BIBLIOTHÈQUE NATIONALE

ALFRED DE MUSSET

MADEMOISELLE

MIMI PINSON

PROFIL DE GRISETTE

EAUX-FORTES EN COULEURS

PAR

François COURBOIN

PARIS

LES CENT BIBLIOPHILES

1899

I

Parmi les étudiants qui suivaient, l'an passé, les cours de l'École de médecine, se trouvait un jeune homme nommé Eugène Aubert. C'était un garçon de bonne famille, qui avait à peu près dix-neuf ans. Ses parents vivaient en province, et lui faisaient une pension modeste, mais qui lui suffisait. Il menait une vie tranquille, et passait pour avoir un caractère fort doux. Ses camarades l'aimaient; en toute circonstance, on le trouvait bon et serviable, la main généreuse et le cœur ouvert. Le seul défaut qu'on lui reprochait était un singulier penchant à la rêverie et à la solitude, et une réserve si excessive dans son langage et ses moindres actions, qu'on l'avait surnommé la *Petite Fille*, surnom, du reste, dont il riait lui-même, et auquel ses amis n'attachaient aucune idée qui pût l'offenser, le sachant aussi brave qu'un autre au besoin; mais il était vrai que sa conduite justifiait un peu ce sobriquet, surtout par la façon dont elle contrastait avec les mœurs de ses compagnons. Tant qu'il n'était question que de travail, il était le premier à l'œuvre; mais, s'il s'agissait d'une partie de plaisir, d'un dîner au Moulin-de-Beurre, ou d'une contredanse à la Chaumière, la *Petite Fille* secouait la tête et regagnait sa chambrette garnie. Chose presque monstrueuse parmi les étudiants : non seulement Eugène n'avait pas de maîtresse, quoique son âge et sa figure eussent pu lui valoir des succès, mais on ne l'avait jamais vu faire le galant au comptoir d'une grisette, usage immémorial au quartier Latin.

Les beautés qui peuplent la montagne Sainte-Geneviève et se partagent les amours des écoles lui inspiraient une sorte de répugnance qui allait jusqu'à l'aversion. Il les regardait comme une espèce à part, dangereuse, ingrate et dépravée, née pour laisser partout le mal et le malheur en échange de quelques plaisirs. « Gardez-vous de ces femmes-là, disait-il; ce sont des poupées de fer rouge. » Et il ne trouvait malheureusement que trop d'exemples pour justifier la haine qu'elles lui inspiraient. Les querelles, les désordres, quelquefois même la ruine qu'entraînent ces liaisons passagères, dont les dehors ressemblent au bonheur, n'étaient que trop faciles à citer, l'année dernière comme aujourd'hui, et probablement comme l'année prochaine.

Il va sans dire que les amis d'Eugène le raillaient continuellement sur sa morale et ses scrupules : — Que prétends-tu ? lui demandait souvent un de ses camarades nommé Marcel, qui faisait profession d'être un bon vivant; — que prouve une faute, ou un accident arrivé une fois par hasard?

— Qu'il faut s'abstenir, répondit Eugène, de peur que cela n'arrive une seconde fois.

— Faux raisonnement, répliquait Marcel, argument de capucin de carte, qui tombe si le compagnon trébuche. De quoi vas-tu t'inquiéter? Tel d'entre nous a perdu au jeu : est-ce une raison pour se faire moine? L'un n'a plus le sou, l'autre boit de l'eau fraîche : est-ce qu'Élise en perd l'appétit? A qui la faute si le voisin porte sa montre au mont-de-piété pour aller se casser un bras à Montmorency? la voisine n'en est pas manchote. Tu te bats pour Rosalie, on te donne un coup d'épée ; elle te tourne le dos, c'est tout simple : en a-t-elle moins fine taille? Ce sont de ces petits inconvénients dont l'existence est parsemée, et ils sont plus rares que tu ne penses. Regarde un dimanche, quand il fait beau temps, que de bonnes paires d'amis dans les cafés, les promenades et les guinguettes! Considère-moi ces gros omnibus bien rebondis, bien bourrés de grisettes, qui vont au Ranelagh ou à Belleville. Compte ce qui sort, un jour de fête seulement, du quartier Saint-Jacques : les bataillons de modistes, les armées de lingères, les nuées de marchandes de tabac ; tout cela s'amuse, tout cela a ses amours, tout cela va s'abattre autour de Paris, sous les tonnelles des campagnes, comme des volées de friquets. S'il pleut, cela va au mélodrame manger des oranges et pleurer; car cela mange beaucoup, c'est vrai, et pleure aussi très volontiers : c'est ce qui prouve un bon caractère. Mais quel mal font ces pauvres filles, qui ont cousu, bâti, ourlé, piqué et ravaudé toute la semaine, en prêchant d'exemple, le dimanche, l'oubli des maux et l'amour du prochain? Et que peut faire de mieux un honnête homme, qui, de son côté, vient de passer huit jours à disséquer des choses peu agréables, que de se débarbouiller la vue en regardant un visage frais, une jambe ronde, et la belle nature?

— Sépulcres blanchis! disait Eugène.

— Je dis et maintiens, continuait Marcel, qu'on peut et doit faire l'éloge des grisettes, et qu'un usage modéré en est bon. Premièrement, elles sont vertueuses, car elles passent la journée à confectionner les vêtements les plus indispensables à la pudeur et à la modestie; en second lieu, elles sont honnêtes, car il n'y a pas de maîtresse lingère ou autre qui ne recommande à ses filles de boutique de parler au monde poliment; troisièmement, elles sont très soigneuses et très propres, attendu qu'elles ont sans cesse entre les mains du linge et des étoffes qu'il ne faut pas qu'elles gâtent, sous peine d'être moins bien payées; quatrièmement, elles sont sincères, parce qu'elles boivent du ratafia; en cinquième lieu, elles sont économes et frugales, parce qu'elles ont beaucoup de peine à gagner trente sous, et s'il se trouve des occasions où elles se montrent gourmandes et dépensières, ce n'est jamais avec leurs propres deniers; sixièmement, elles sont très gaies, parce que le travail qui les occupe est en général ennuyeux à mourir, et qu'elles frétillent comme le poisson dans l'eau dès que l'ouvrage est terminé. Un autre avantage qu'on rencontre en elles, c'est qu'elles ne sont point gênantes, vu qu'elles passent leur vie clouées sur une chaise dont elles ne peuvent pas bouger, et que par conséquent il leur est impossible de courir après leurs amants comme les dames de bonne compagnie. En outre, elles ne sont pas bavardes, parce qu'elles sont obligées de compter leurs points. Elles ne dépensent pas grand'chose pour leurs chaussures, parce qu'elles marchent peu, ni pour leur toilette, parce qu'il est rare qu'on leur fasse crédit. Si on les accuse d'inconstance, ce n'est pas parce qu'elles lisent de mauvais romans, ni par méchanceté naturelle: cela tient au grand nombre de personnes différentes qui passent devant leurs boutiques; d'un autre côté, elles prouvent suffisamment qu'elles sont capables de passions véritables, par la grande quantité d'entre elles qui se jettent journellement dans la Seine ou par la fenêtre, ou qui s'asphyxient dans leur domicile. Elles ont, il est vrai, l'inconvénient d'avoir presque toujours faim et soif, précisément à cause de leur grande tempérance; mais il est notoire qu'elles peuvent se contenter, en guise de repas, d'un verre de bière et d'un cigare : qualité précieuse qu'on rencontre bien rarement en ménage. Bref, je soutiens qu'elles sont bonnes, aimables, fidèles et désintéressées, et que c'est une chose regrettable lorsqu'elles finissent à l'hôpital.

Lorsque Marcel parlait ainsi, c'était la plupart du temps au café, quand il s'était un peu échauffé la tête; il remplissait alors le verre de son ami, et voulait le faire boire à la santé de mademoiselle

Pinson, ouvrière en linge, qui était leur voisine ; mais Eugène prenait son chapeau, et, tandis que Marcel continuait à pérorer devant ses camarades, il s'esquivait doucement.

II

Mademoiselle Pinson n'était pas précisément ce qu'on appelle une jolie femme. Il y a beaucoup de différence entre une jolie femme et une jolie grisette. Si une jolie femme, reconnue pour telle, et ainsi nommée en langue parisienne, s'avisait de mettre un petit bonnet, une robe de guingan et un tablier de soie, elle serait tenue, il est vrai, de paraître une jolie grisette. Mais si une grisette s'affuble d'un chapeau, d'un camail de velours et d'une robe de Palmyre, elle n'est nullement forcée d'être une jolie femme; bien au contraire, il est probable qu'elle aura l'air d'un portemanteau, et, en l'ayant, elle sera dans son droit. La différence consiste donc dans les conditions où vivent ces deux êtres, et principalement dans ce morceau de carton roulé, recouvert d'étoffe et appelé chapeau, que les femmes ont jugé à propos de s'appliquer de chaque côté de la tête, à peu près comme les œillères des chevaux. (Il faut remarquer cependant que les œillères empêchent les chevaux de regarder de côté et d'autre, et que le morceau de carton n'empêche rien du tout.)

Quoi qu'il en soit, un petit bonnet autorise un nez retroussé, qui, à son tour, veut une bouche bien fendue, à laquelle il faut de belles dents, et un visage rond pour cadre. Un visage rond demande des yeux brillants ; le mieux est qu'ils soient le plus noirs possible, et les sourcils à l'avenant. Les cheveux sont *ad libitum*, attendu que les yeux noirs s'arrangent de tout. Un tel ensemble, comme on le voit, est loin de la beauté proprement dite. C'est ce qu'on appelle une figure chiffonnée, figure classique de grisette, qui serait peut-être laide sous le morceau de carton, mais que le bonnet rend parfois charmante, et plus jolie que la beauté. Ainsi était mademoiselle Pinson.

Marcel s'était mis dans la tête qu'Eugène devait faire la cour à cette demoiselle.

Pourquoi?

Je n'en sais rien, si ce n'est qu'il était lui-même l'adorateur de mademoiselle Zélia, amie de mademoiselle Pinson. Il lui semblait naturel et commode d'arranger ainsi les choses à son goût, et de faire amicalement l'amour. De pareils calculs ne sont pas rares, et réussissent assez souvent, l'occasion, depuis que le monde existe, étant, de toutes les tentations, la plus forte. Qui peut dire ce qu'ont fait naître d'événements heureux ou malheureux, d'amours, de querelles, de joies ou de désespoirs, deux portes voisines, un escalier secret, un corridor, un carreau cassé?

Certains caractères, pourtant, se refusent à ces

jeux du hasard. Ils veulent conquérir leurs jouissances, non les gagner à la loterie, et ne se sentent pas disposés à aimer parce qu'ils se trouvent en diligence à côté d'une jolie femme.

Tel était Eugène, et Marcel le savait; aussi avait-il formé depuis longtemps un projet assez simple, qu'il croyait merveilleux et surtout infaillible pour vaincre la résistance de son compagnon.

Il avait résolu de donner un souper, et ne trouva rien de mieux que de choisir pour prétexte le jour de sa propre fête. Il fit donc apporter chez lui deux douzaines de bouteilles de bière, un gros morceau de veau froid avec de la salade, une énorme galette de plomb, et une bouteille de vin de Champagne. Il invita d'abord deux étudiants de ses amis, puis il fit savoir à mademoiselle Zélia qu'il y avait le soir gala à la maison, et qu'elle eût à amener mademoiselle Pinson. Elles n'eurent garde d'y manquer. Marcel passait, à juste titre, pour un des talons rouges du quartier latin, de ces gens qu'on ne refuse pas; et sept heures du soir venaient à peine de sonner, que les deux grisettes frappaient à la porte de l'étudiant; mademoiselle Zélia en robe courte, en brodequins gris et en bonnet à fleurs : mademoiselle Pinson, plus modeste, vêtue d'une robe noire qui ne la quittait pas, et qui lui donnait, disait-on, une sorte de petit air espagnol dont elle se montrait fort jalouse. Toutes deux ignoraient, on le pense bien, les secrets desseins de leur hôte.

Marcel n'avait pas fait la maladresse d'inviter Eugène d'avance ; il eût été trop sûr d'un refus de sa part. Ce fut seulement lorsque ces demoiselles eurent pris place à table, et après le premier verre vidé, qu'il demanda la permission de s'absenter quelques instants pour aller chercher un convive, et qu'il se dirigea vers la maison qu'habitait Eugène ; il le trouva, comme d'ordinaire, à son travail, seul, entouré de ses livres.

Après quelques propos insignifiants, il commença à lui faire tout doucement ses reproches accoutumés, qu'il se fatiguait trop, qu'il avait tort de ne prendre aucune distraction, puis il lui proposa un tour de promenade.

Eugène, un peu las, en effet, ayant étudié toute la journée, accepta ; les deux jeunes gens sortirent ensemble, et il ne fut pas difficile à Marcel, après quelques tours d'allée au Luxembourg, d'obliger son ami à entrer chez lui.

Les deux grisettes, restées seules, et ennuyées probablement d'attendre, avaient débuté par se mettre à l'aise; elles avaient ôté leurs châles et leurs bonnets, et dansaient en chantant une contredanse, non sans faire, de temps en temps, honneur aux provisions, par manière d'essai.

Les yeux déjà brillants et le visage animé, elles s'arrêtèrent joyeuses et un peu essoufflées, lorsque Eugène les salua d'un air à la fois timide et surpris.

Attendu ses mœurs solitaires, il était à peine connu d'elles; aussi l'eurent-elles bientôt dévisagé des pieds à la tête avec cette curiosité intrépide qui est le privilège de leur caste; puis elles reprirent leur chanson et leur danse, comme si de rien n'était.

Le nouveau venu, à demi déconcerté, faisait déjà quelques pas en arrière, songeant peut-être à la retraite, lorsque Marcel, ayant fermé la porte à double tour, jeta bruyamment la clef sur la table.

— Personne encore! s'écria-t-il. Que font donc

nos amis? Mais n'importe, le sauvage nous appartient. Mesdemoiselles, je vous présente le plus vertueux jeune homme de France et de Navarre, qui désire depuis longtemps avoir l'honneur de faire votre connaissance, et qui est, particulièrement, grand admirateur de mademoiselle Pinson.

La contredanse s'arrêta de nouveau ; mademoiselle Pinson fit un léger salut, et reprit son bonnet.

— Eugène ! s'écria Marcel, c'est aujourd'hui ma fête ; ces deux dames ont bien voulu venir la célébrer avec nous.

Je t'ai presque amené de force, c'est vrai ; mais j'espère que tu resteras de bon gré, à notre commune prière. Il est à présent huit heures à peu près ; nous avons le temps de fumer une pipe en attendant que l'appétit nous vienne.

Parlant ainsi, il jeta un regard significatif à mademoiselle Pinson, qui, le comprenant aussitôt, s'inclina une seconde fois en souriant, et dit d'une voix douce à Eugène : « Oui, monsieur, nous vous en prions. »

En ce moment les deux étudiants que Marcel

avait invités frappèrent à la porte. Eugène vit qu'il n'y aurait pas moyen de reculer sans trop de mauvaise grâce, et, se résignant, prit place avec les autres.

III

Le souper fut long et bruyant. Ces messieurs, ayant commencé par remplir la chambre d'un nuage de fumée, buvaient d'autant pour se rafraîchir. Ces dames faisaient les frais de la conversation, et égayaient la compagnie de propos plus ou moins piquants aux dépens de leurs amis et connaissances, et d'aventures plus ou moins croyables, tirées des arrière-boutiques. Si la matière manquait de vraisemblance, du moins n'était-elle pas stérile. Deux clercs d'avoué, à les en croire, avaient gagné vingt mille francs en jouant sur les fonds espagnols, et les avaient mangés en six semaines avec deux marchandes de gants. Le fils d'un des plus riches banquiers de Paris avait proposé à une célèbre lingère une loge à l'Opéra et une maison de campagne qu'elle avait refusées, aimant mieux soigner ses parents et rester fidèle à un commis des Deux-Magots. Certain personnage qu'on ne pouvait nommer, et qui était forcé par son rang à s'envelopper du plus grand mystère, venait incognito rendre visite à une brodeuse du passage du Pont-Neuf, laquelle avait été enlevée tout à coup par ordre supérieur, mise dans une chaise de poste à minuit, avec un portefeuille plein de billets de banque, et envoyée aux États-Unis, etc.

— Suffit, dit Marcel, nous connaissons cela. Zélia improvise, et, quant à mademoiselle Mimi (ainsi s'appelait mademoiselle Pinson en petit comité), ses renseignements sont imparfaits. Vos clercs d'avoué n'ont gagné qu'une entorse en voltigeant sur les ruisseaux; votre banquier a offert une orange, et votre brodeuse est si peu aux États-Unis, qu'elle est visible tous les jours, de midi à quatre heures, à l'hôpital de la Charité, où elle a pris un logement par suite de manque de comestibles.

Eugène était assis auprès de mademoiselle Pinson. Il crut remarquer, à ce dernier mot, prononcé avec une indifférence complète, qu'elle pâlissait. Mais, presque aussitôt, elle se leva, alluma une cigarette, et s'écria d'un air délibéré :

— Silence à votre tour! Je demande la parole. Puisque le sieur Marcel ne croit pas aux fables, je vais raconter une histoire véritable, *et quorum pars magna fui*.

— Vous parlez latin? dit Eugène.

— Comme vous voyez, répondit mademoiselle Pinson; cette sentence me vient de mon oncle, qui a servi sous le grand Napoléon, et qui n'a jamais manqué de la dire avant de réciter une bataille. Si vous ignorez ce que ces mots signifient, vous pouvez l'apprendre sans payer. Cela veut dire : « Je vous en donne ma parole d'honneur ». Vous saurez donc que, la semaine passée, je m'étais rendue, avec deux de mes amies, Blanchette et Rougette, au théâtre de l'Odéon.

— Attendez que je coupe la galette, dit Marcel.

— Coupez, mais écoutez, reprit mademoiselle Pinson. J'étais donc allée avec Blanchette et Rougette à l'Odéon, voir une tragédie. Rougette, comme vous savez, vient de perdre sa grand'mère; elle a hérité de quatre cents francs. Nous avions pris une baignoire; trois étudiants se trouvaient au parterre; ces jeunes gens nous avisèrent, et, sous prétexte que nous étions seules, nous invitèrent à souper.

— De but en blanc? demanda Marcel; en vérité, c'est très galant. Et vous avez refusé, je suppose?

— Non, monsieur, dit mademoiselle Pinson, nous acceptâmes, et, à l'entr'acte, sans attendre la fin de la pièce, nous nous transportâmes chez Viot.

— Avec vos cavaliers?

— Avec nos cavaliers. Le garçon commença, bien entendu, par nous dire qu'il n'y avait plus rien; mais une pareille inconvenance n'était pas faite pour nous arrêter. Nous ordonnâmes qu'on allât par la ville chercher ce qui pouvait manquer. Rougette prit la plume, et commanda un festin de noces : des crevettes, une omelette au sucre, des beignets, des moules, des œufs à la neige, tout ce qu'il y a dans le monde des marmites. Nos jeunes inconnus, à dire vrai, faisaient légèrement la grimace.

— Je le crois parbleu bien! dit Marcel.

— Nous n'en tînmes compte. La chose apportée, nous commençâmes à faire les jolies femmes. Nous ne trouvions rien de bon ; tout nous dégoûtait. A peine un plat était-il entamé, que nous le renvoyions pour en demander un autre. — Garçon, emportez cela, ce n'est pas tolérable, où avez-vous pris des horreurs pareilles? — Nos inconnus désirèrent manger, mais il ne leur fut pas loisible. Bref, nous soupâmes comme dînait Sancho, et la colère nous porta même à briser quelques ustensiles.

— Belle conduite! et comment payer?

— Voilà précisément la question que les trois individus s'adressèrent. Par l'entretien qu'ils eurent à voix basse, l'un d'eux nous parut posséder six francs. l'autre infiniment moins, et le troisième n'avait que sa montre, qu'il tira généreusement de sa poche. En cet état, les trois infortunés se présentèrent au

comptoir, dans le but d'obtenir un délai quelconque.
Que pensez-vous qu'on leur répondit?

— Je pense, répliqua Marcel, que l'on vous a gardées en gage et qu'on les a conduits au violon.

— C'est une erreur, dit mademoiselle Pinson. Avant de monter dans le cabinet, Rougette avait pris ses mesures, et tout était payé d'avance. Imaginez le coup de théâtre, à cette réponse de Viot :
— Messieurs, tout est payé! — Nos inconnus nous regardèrent comme jamais trois chiens n'ont regardé trois évêques, avec une stupéfaction piteuse mêlée d'un pur attendrissement. Nous, cependant, sans feindre d'y prendre garde, nous descendîmes et fîmes venir un fiacre. — Chère marquise, me dit Rougette, il faut reconduire ces messieurs chez eux. — Volontiers, chère comtesse, répondis-je. Nos pauvres amoureux ne savaient plus quoi dire. Je vous demande s'ils étaient penauds! ils se défendaient de notre politesse, ils ne voulaient pas qu'on les reconduisît, ils refusaient de dire leur adresse.... Je le crois bien ! Ils étaient convaincus qu'ils avaient affaire à des femmes du monde, et ils demeuraient rue du Chat-qui-Pêche!...

Les deux étudiants, amis de Marcel, qui, jusquelà, n'avaient guère fait que fumer et boire en silence, semblèrent peu satisfaits de cette histoire. Leurs visages se rembrunirent; peut-être en savaient-ils autant que mademoiselle Pinson sur ce malencontreux souper, car ils jetèrent sur elle un regard inquiet, lorsque Marcel lui dit en riant :

— Nommez les masques, mademoiselle Mimi. Puisque c'est de la semaine dernière, il n'y a plus d'inconvénient.

— Jamais, messieurs, dit la grisette. On peut berner un homme, mais lui faire tort dans sa carrière, jamais!

— Vous avez raison, dit Eugène, et vous agissez en cela plus sagement peut-être que vous ne pensez. De tous ces jeunes gens qui peuplent les écoles, il n'y en a presque pas un seul qui n'ait derrière lui quelque faute ou quelque folie, et cependant c'est de là que sortent tous les jours ce qu'il y a en France de plus distingué et de plus respectable : des médecins, des magistrats....

— Oui, reprit Marcel, c'est la vérité. Il y a des pairs de France en herbe qui dînent chez Flicoteaux, et qui n'ont pas toujours de quoi payer la carte. Mais, ajouta-t-il en clignant de l'œil, n'avez-vous pas revu vos inconnus?

— Pour qui nous prenez-vous? répondit mademoiselle Pinson d'un air sérieux et presque offensé. Connaissez-vous Blanchette et Rougette? et supposez-vous que moi-même....

— C'est bon, dit Marcel, ne vous fâchez pas. Mais voilà, en somme, une belle équipée. Trois écervelées qui n'avaient peut-être pas de quoi dîner le lendemain, et qui jettent l'argent par les fenêtres pour le plaisir de mystifier trois pauvres diables qui n'en peuvent mais!

— Pourquoi nous invitent-ils à souper? répondit mademoiselle Pinson.

IV

Avec la galette parut, dans sa gloire, l'unique bouteille de vin de Champagne qui devait composer le dessert. Avec le vin on parla chanson. — Je vois, dit Marcel, je vois, comme dit Cervantès, Zélia qui tousse : c'est signe qu'elle veut chanter. Mais, si ces messieurs le trouvent bon, c'est moi qu'on fête, et qui par conséquent prie mademoiselle Mimi, si elle n'est pas enrouée par son anecdote, de nous honorer d'un couplet. Eugène, continua-t-il, sois donc un peu galant, trinque avec ta voisine, et demande-lui un couplet pour moi.

Eugène rougit et obéit. De même que mademoiselle Pinson n'avait pas dédaigné de le faire pour l'engager lui-même à rester, il s'inclina, et lui dit timidement : Oui, mademoiselle, nous vous en prions.

En même temps, il souleva son verre, et toucha celui de la grisette.

De ce léger choc sortit un son clair et argentin ; mademoiselle Pinson saisit cette note au vol, et d'une voix pure et fraîche la continua longtemps en cadence.

— Allons, dit-elle, j'y consens, puisque mon verre me donne le *la*. Mais que voulez-vous que je vous chante ? Je ne suis pas bégueule, je vous en préviens, mais je ne sais pas de couplets de corps de garde. Je ne m'encanaille pas la mémoire !

— Connu, dit Marcel, vous êtes une vertu ; allez votre train, les opinions sont libres.

— Eh bien ! reprit mademoiselle Pinson, je vais

vous chanter à la bonne venue les couplets qu'on a faits sur moi.

— Attention ! quel est l'auteur ?

— Mes camarades du magasin. C'est de la poésie faite à l'aiguille ; ainsi je réclame l'indulgence.

— Y a-t-il un refrain à votre chanson ?

— Certainement ; la belle demande !

— En ce cas-là, dit Marcel, prenons nos couteaux, et, au refrain, tapons sur la table, mais tâchons d'aller en mesure. Zélia peut s'abstenir si elle veut.

— Pourquoi cela, malhonnête garçon ? demanda Zélia en colère.

— Pour cause, répondit Marcel ; mais, si vous désirez être de la partie, tenez, frappez avec un bouchon, cela aura moins d'inconvénients pour nos oreilles et pour vos blanches mains.

Marcel avait rangé en rond les verres et les assiettes, et s'était assis au milieu de la table, son couteau à la main. Les deux étudiants du souper de Rougette, un peu ragaillardis, ôtèrent le fourneau de leurs pipes pour frapper avec le tuyau de bois ; Eugène rêvait, Zélia boudait. Mademoiselle

Pinson prit une assiette, et fit signe qu'elle voulait la casser, ce à quoi Marcel répondit par un geste d'assentiment, en sorte que la chanteuse ayant pris les morceaux pour s'en faire des castagnettes commença ainsi les couplets que ses compagnes avaient composés, après s'être excusée d'avance de ce qu'ils pouvaient contenir de trop flatteur pour elle.

>Mimi Pinson est une blonde,
>Une blonde que l'on connaît.
>Elle n'a qu'une robe au monde,
>   Landerirette!
>   Et qu'un bonnet.
>Le Grand Turc en a davantage.
>Dieu voulut, de cette façon,
>   La rendre sage.
>On ne peut pas la mettre en gage,
>La robe de Mimi Pinson.
>
>Mimi Pinson porte une rose.
>Une rose blanche au côté,
>Cette fleur dans son cœur éclose.
>   Landerirette!
>   C'est la gaîté.
>Quand un bon souper la réveille,
>Elle fait sortir la chanson
>   De la bouteille.
>Parfois il penche sur l'oreille,
>Le bonnet de Mimi Pinson.

Elle a les yeux et la main prestes.
Les carabins, matin et soir.
Usent les manches de leurs vestes,
    Landerirette!
    A son comptoir.
Quoique sans maltraiter personne,
Mimi leur fait mieux la leçon
    Qu'à la Sorbonne.
Il ne faut pas qu'on la chiffonne.
La robe de Mimi Pinson.

Mimi Pinson peut rester fille,
Si Dieu le veut, c'est dans son droit.
Elle aura toujours son aiguille,
    Landerirette!
    Au bout du doigt.
Pour entreprendre sa conquête,
Ce n'est pas tout qu'un beau garçon,
    Faut être honnête,
Car il n'est pas loin de sa tête.
Le bonnet de Mimi Pinson.

D'un gros bouquet de fleurs d'orange,
Si l'amour veut la couronner,
Elle a quelque chose en échange,
    Landerirette!
    A lui donner.
Ce n'est pas, on se l'imagine,
Un manteau sur un écusson
    Fourré d'hermine;
C'est l'étui d'une perle fine,
La robe de Mimi Pinson.

>Mimi n'a pas l'âme vulgaire,
>Mais son cœur est républicain.
>Aux trois jours elle a fait la guerre,
>>Landerirette!
>>En casaquin.
>A défaut d'une hallebarde,
>On l'a vue avec son poinçon
>>Monter la garde.
>Heureux qui mettra sa cocarde
>Au bonnet de Mimi Pinson!

Les couteaux et les pipes, voire même les chaises, avaient fait leur tapage, comme de raison, à la fin de chaque couplet. Les verres dansaient sur la table, et les bouteilles, à moitié pleines, se balançaient joyeusement en se donnant de petits coups d'épaule.

— Et ce sont vos bonnes amies, dit Marcel, qui vous ont fait cette chanson-là? Il y a un teinturier, c'est trop musqué. Parlez-moi de ces bons airs où on dit les choses! Et il entonna d'une voix forte :

> Nanette n'avait pas encor quinze ans....

— Assez, assez, dit mademoiselle Pinson; dansons plutôt, faisons un tour de valse. Y a-t-il ici un musicien quelconque?

— J'ai ce qu'il vous faut, répondit Marcel, j'ai une guitare; mais, continua-t-il en décrochant l'instrument, ma guitare n'a pas ce qu'il lui faut; elle est chauve de trois de ses cordes.

— Mais voilà un piano, dit Zélia; Marcel va nous faire danser.

Marcel lança à sa maîtresse un regard aussi furieux que si elle l'eût accusé d'un crime. Il était vrai qu'il en savait assez pour jouer une contredanse; mais c'était pour lui, comme pour bien d'autres, une espèce de torture à laquelle il se soumettait peu volontiers. Zélia, en le trahissant, se vengeait du bouchon.

— Êtes-vous folle? dit Marcel; vous savez bien que ce piano n'est là que pour la gloire, et qu'il n'y a que vous qui l'écorchiez, Dieu le sait. Où avez-vous pris que je sache faire danser? Je ne sais que *la Marseillaise*, que je joue d'un seul doigt. Si vous vous adressiez à Eugène, à la bonne heure; voilà un garçon qui s'y entend! Mais je ne veux pas l'ennuyer à ce point, je m'en garderai bien. Il n'y a que vous ici d'assez indiscrète pour faire des choses pareilles sans crier gare.

Pour la troisième fois, Eugène rougit, et s'apprêta à faire ce qu'on lui demandait d'une façon si politique et si détournée. Il se mit donc au piano, et un quadrille s'organisa.

Ce fut presque aussi long que le souper. Après la contredanse vint une valse ; après la valse, le galop, car on galope encore au quartier Latin. Ces dames surtout étaient infatigables, et faisaient des gambades et des éclats de rire à réveiller tout le voisinage. Bientôt Eugène, doublement fatigué par le bruit et par la veillée, tomba, tout en jouant machinalement, dans une sorte de demi-sommeil, comme les postillons qui dorment à cheval.

Les danseuses passaient et repassaient devant lui comme des fantômes dans un rêve ; et, comme rien n'est plus aisément triste qu'un homme qui regarde rire les autres, la mélancolie, à laquelle il était sujet, ne tarda pas à s'emparer de lui : — Triste joie, pensait-il, misérables plaisirs ! instants qu'on croit volés au malheur !

Et qui sait laquelle de ces cinq personnes qui sautent si gaiement devant moi est sûre, comme disait Marcel, d'avoir de quoi dîner demain ?

Comme il faisait cette réflexion, mademoiselle Pinson passa près de lui; il crut la voir, tout en galopant, prendre à la dérobée un morceau de galette resté sur la table, et le mettre discrètement dans sa poche.

V

Le jour commençait à paraître quand la compagnie se sépara. Eugène, avant de rentrer chez lui, marcha quelque temps dans les rues pour respirer l'air frais du matin. Suivant toujours ses tristes pensées, il se répétait tout bas, malgré lui, la chanson de la grisette :

> Elle n'a qu'une robe au monde
> Et qu'un bonnet.

— Est-ce possible? se demandait-il. La misère peut-elle être poussée à ce point, se montrer si franchement, et se railler d'elle-même? Peut-on rire de ce qu'on manque de pain ?

Le morceau de galette emporté n'était pas un indice douteux. Eugène ne pouvait s'empêcher d'en sourire, et en même temps d'être ému de pitié. — Cependant, pensait-il encore, elle a pris de la galette et non du pain; il se peut que ce soit par gourmandise. Qui sait? c'est peut-être l'enfant d'une voisine à qui elle veut rapporter un gâteau, peut-être une portière bavarde, qui raconterait qu'elle a passé la nuit dehors, un Cerbère qu'il faut apaiser.

Ne regardant pas où il allait, Eugène s'était engagé par hasard dans ce dédale de petites rues qui sont derrière le carrefour Bucy, et dans lesquelles une voiture passe à peine. Au moment où il allait revenir sur ses pas, une femme, enveloppée dans un mauvais peignoir, la tête nue, les cheveux en désordre, pâle et défaite, sortit d'une vieille maison. Elle semblait tellement faible, qu'elle pouvait à peine marcher; ses genoux fléchissaient, elle s'appuyait sur les murailles, et paraissait vouloir se diriger vers une porte voisine, où se trouvait une boîte aux lettres, pour y jeter un billet qu'elle tenait à la main. Surpris et effrayé, Eugène s'approcha d'elle, et lui demanda où elle allait, ce qu'elle cherchait, et s'il pouvait l'aider. En même temps, il étendit le bras pour la soutenir, car elle était près de tomber sur la borne. Mais, sans lui répondre, elle recula avec une sorte de crainte et de fierté. Elle posa son billet sur une borne, montra du doigt la boîte, et paraissant rassembler toutes ses forces : — Là ! dit-elle seulement ; puis, continuant à se traîner aux murs, elle regagna sa maison. Eugène essaya en vain de l'obliger à prendre son bras et de renouveler ses questions. Elle rentra lentement dans l'allée sombre et étroite dont elle était sortie.

Eugène avait ramassé la lettre ; il fit d'abord

quelques pas pour la mettre à la poste, mais il
s'arrêta bientôt. Cette étrange rencontre l'avait si
fort troublé, et il se sentait frappé d'une sorte
d'horreur mêlée d'une compassion si vive, que,
avant de prendre le temps de la réflexion, il rompit
le cachet presque involontairement. Il lui semblait
odieux et impossible de ne pas chercher, n'importe
par quel moyen, à pénétrer un tel mystère. Évidemment cette femme était mourante; était-ce de maladie ou de faim? Ce devait être, en tous cas, de
misère. Eugène ouvrit la lettre; elle portait sur
l'adresse : « A monsieur le baron de***, » et renfermait ce qui suit :

« Lisez cette lettre, monsieur, et, par pitié, ne
rejetez pas ma prière. Vous pouvez me sauver, et
vous seul. Croyez ce que je vous dis, sauvez-moi,
et vous aurez fait une bonne action, qui vous portera bonheur. Je viens de faire une cruelle maladie,
qui m'a ôté le peu de force et de courage que
j'avais. Le mois d'août, je rentre en magasin; mes
effets sont retenus dans mon dernier logement, et
j'ai presque la certitude qu'avant samedi je me

trouverai tout à fait sans asile. J'ai si peur de mourir de faim, que ce matin j'avais pris la résolution de me jeter à l'eau, car je n'ai rien pris encore depuis près de vingt-quatre heures. Lorsque je me suis souvenue de vous, un peu d'espoir m'est venu au cœur. N'est-ce pas que je ne me suis pas trompée? Monsieur, je vous en supplie à genoux, si peu que vous ferez pour moi me laissera respirer encore quelques jours. Moi, j'ai peur de mourir, et puis je n'ai que vingt-trois ans! Je viendrai peut-être à bout, avec un peu d'aide, d'atteindre le premier du mois. Si je savais des mots pour exciter votre pitié, je vous les dirais, mais rien ne me vient à l'idée. Je ne puis que pleurer de mon impuissance, car, je le crains bien, vous ferez de ma lettre comme on fait quand on en reçoit trop souvent de pareilles : vous la déchirerez sans penser qu'une pauvre femme est là, qui attend les heures et les minutes avec l'espoir que vous aurez pensé qu'il serait par trop cruel de la laisser ainsi dans l'incertitude. Ce n'est pas l'idée de donner un louis, qui est si peu de chose pour vous, qui vous retiendra, j'en suis persuadée ; aussi il me semble que rien ne vous est plus facile que de plier votre aumône dans un papier, et de mettre sur l'adresse : « A mademoiselle Bertin, rue de l'Éperon ». J'ai changé de nom depuis que je travaille dans les magasins, car le mien est celui de ma mère. En sortant de chez vous, donnez cela à un commissionnaire. J'attendrai mercredi et jeudi, et je prierai avec ferveur pour que Dieu vous rende humain.

« Il me vient à l'idée que vous ne croyez pas à tant de misère ; mais si vous me voyiez, vous seriez convaincu.

Rougette. »

Si Eugène avait d'abord été touché en lisant ces lignes, son étonnement redoubla, on le pense bien, lorsqu'il vit la signature. Ainsi c'était cette même fille qui avait follement dépensé son argent en parties de plaisir, et imaginé ce souper ridicule raconté par mademoiselle Pinson, c'était elle que le malheur réduisait à cette souffrance et à une semblable prière ! Tant d'imprévoyance et de folie semblait à Eugène un rêve incroyable. Mais point de doute, la signature était là ; et mademoiselle

Pinson, dans le courant de la soirée, avait également prononcé le nom de guerre de son amie Rougette, devenue mademoiselle Bertin. Comment se trouvait-elle tout à coup abandonnée, sans secours, sans pain, presque sans asile? Que faisaient ses amies de la veille, pendant qu'elle expirait peut-être dans quelque grenier de cette maison? Et qu'était-ce que cette maison même où l'on pouvait mourir ainsi?

Ce n'était pas le moment de faire des conjectures; le plus pressé était de venir au secours de la faim.

Eugène commença par entrer dans la boutique d'un restaurateur qui venait de s'ouvrir, et par acheter ce qu'il y put trouver.

Cela fait, il s'achemina, suivi du garçon, vers le logis de Rougette; mais il éprouvait de l'embarras à se présenter brusquement ainsi. L'air de fierté qu'il avait trouvé à cette pauvre fille lui faisait craindre, sinon un refus, du moins un mouvement de vanité blessée; comment lui avouer qu'il avait lu sa lettre?

Lorsqu'il fut arrivé devant la porte :

— Connaissez-vous, dit-il au garçon, une jeune personne qui demeure dans cette maison, et qui s'appelle mademoiselle Bertin?

— Oh que oui, monsieur! répondit le garçon. C'est nous qui portons habituellement chez elle. Mais si monsieur y va, ce n'est pas le jour. Actuellement elle est à la campagne.

— Qui vous l'a dit? demanda Eugène.

— Pardi, monsieur! c'est la portière. Mademoiselle Rougette aime à bien dîner, mais elle n'aime pas beaucoup à payer. Elle a plus tôt fait de commander des poulets rôtis et des homards que rien du tout; mais, pour voir son argent, ce n'est pas une fois qu'il faut y retourner! Aussi nous savons, dans le quartier, quand elle y est ou quand elle n'y est pas....

— Elle est revenue, reprit Eugène. Montez chez elle, laissez-lui ce que vous portez, et si elle vous doit quelque chose, ne lui demandez rien aujourd'hui. Cela me regarde, et je reviendrai. Si elle veut savoir qui lui envoie ceci, vous lui répondrez que c'est le baron de***.

Sur ces mots, Eugène s'éloigna. Chemin faisant,

il rajusta comme il put le cachet de la lettre, et la mit à la poste. — Après tout, pensa-t-il, Rougette ne refusera pas, et si elle trouve que la réponse à son billet a été un peu prompte, elle s'en expliquera avec son baron.

VI

Les étudiants, non plus que les grisettes, ne sont pas riches tous les jours. Eugène comprenait très bien que, pour donner un air de vraisemblance à la petite fable que le garçon devait faire, il eût fallu joindre à son envoi le louis que demandait

Rougette ; mais là était la difficulté. Les louis ne sont pas précisément la monnaie courante de la rue Saint-Jacques.

D'une autre part, Eugène venait de s'engager à payer le restaurateur, et, par malheur, son tiroir, en ce moment, n'était guère mieux garni que sa poche.

C'est pourquoi il prit sans différer le chemin de la place du Panthéon.

En ce temps-là demeurait encore sur cette place ce fameux barbier qui a fait banqueroute, et s'est ruiné en ruinant les autres.

Là, dans l'arrière-boutique, où se faisait en secret la grande et la petite usure, venait tous les jours l'étudiant pauvre et sans-souci, amoureux peut-être, emprunter à énorme intérêt quelques pièces dépensées gaîment le soir, et chèrement payées le lendemain. Là entrait furtivement la grisette, la tête basse, le regard honteux, venant louer pour une partie de campagne un chapeau fané, un châle reteint, une chemise achetée au mont-de-piété. Là, des jeunes gens de bonne maison, ayant besoin de vingt-cinq louis, souscrivaient pour deux ou trois mille francs de lettres de change. Des mineurs mangeaient leur bien en herbe ; des étourdis ruinaient leur famille, et souvent perdaient leur avenir. Depuis la courtisane titrée, à qui un bracelet tourne la tête, jusqu'au cuistre nécessiteux qui convoite un bouquin ou un plat de lentilles, tout venait là comme aux sources du Pactole, et l'usurier-barbier, fier de sa clientèle et de ses exploits jusqu'à s'en vanter, entretenait la prison de Clichy en attendant qu'il y allât lui-même.

Telle était la triste ressource à laquelle Eugène, bien qu'avec répugnance, allait avoir recours pour obliger Rougette, ou pour être du moins en mesure de le faire ; car il ne lui semblait pas prouvé que la demande adressée au baron produisît l'effet désirable.

C'était de la part d'un étudiant beaucoup de charité, à vrai dire, que de s'engager ainsi pour une inconnue ; mais Eugène croyait en Dieu : toute bonne action lui semblait nécessaire.

Le premier visage qu'il aperçut, en entrant chez le barbier, fut celui de son ami Marcel, assis devant une toilette, une serviette au cou, et feignant de se faire coiffer.

Le pauvre garçon venait peut-être chercher de quoi payer son souper de la veille ; il semblait fort préoccupé, et fronçait les sourcils d'un air peu satisfait, tandis que le coiffeur, feignant de son côté de lui passer dans les cheveux un fer parfaitement froid, lui parlait à demi-voix dans son accent gascon.

Devant une autre toilette, dans un petit cabinet, se tenait assis, également affublé d'une serviette, un étranger fort inquiet, regardant sans cesse de côté et d'autre, et, par la porte entr'ouverte de l'arrière-boutique, on apercevait, dans une vieille psyché, la silhouette passablement maigre d'une jeune fille, qui, aidée de la femme du coiffeur, essayait une robe à carreaux écossais.

— Que viens-tu faire ici à cette heure ? s'écria Marcel, dont la figure reprit l'expression de sa bonne humeur habituelle dès qu'il reconnut son ami.

Eugène s'assit près de la toilette, et expliqua en peu de mots la rencontre qu'il avait faite, et le dessein qui l'amenait.

— Ma foi, dit Marcel, tu es bien candide. De quoi te mêles-tu, puisqu'il y a un baron ? Tu as vu une jeune fille intéressante qui éprouvait le besoin de prendre quelque nourriture ; tu lui as payé un poulet froid, c'est digne de toi ; il n'y a rien à dire. Tu n'exiges d'elle aucune reconnaissance, l'incognito te plaît ; c'est héroïque. Mais aller plus loin, c'est de la chevalerie. Engager sa montre ou sa signature pour une lingère que protège un baron, et que l'on n'a pas l'honneur de fréquenter, cela ne s'est pratiqué, de mémoire humaine, que dans la Bibliothèque bleue.

— Ris de moi si tu veux, répondit Eugène. Je sais qu'il y a dans ce monde beaucoup plus de malheureux que je n'en puis soulager. Ceux que je ne connais pas, je les plains ; mais si j'en vois un, il faut que je l'aide. Il m'est impossible, quoi que je fasse, de rester indifférent devant la souffrance. Ma charité ne va pas jusqu'à chercher les pauvres, je ne suis pas assez riche pour cela ; mais quand je les trouve, je fais l'aumône.

— En ce cas, reprit Marcel, tu as fort à faire ; il n'en manque pas dans ce pays-ci.

— Qu'importe ! dit Eugène encore ému du spectacle dont il venait d'être témoin ; vaut-il mieux laisser mourir les gens et passer son chemin ? Cette malheureuse est une étourdie, une folle, tout ce que tu voudras ; elle ne mérite peut-être pas la compassion qu'elle fait naître ; mais cette compassion, je la sens.

Vaut-il mieux agir comme ses bonnes amies, qui déjà ne semblent pas plus se soucier d'elle que si elle n'était plus au monde, et qui l'aidaient hier à se ruiner ? A qui peut-elle avoir recours ? A un étranger qui allumera un cigare avec sa lettre, ou à mademoiselle Pinson, je suppose, qui soupe en ville et danse de tout son cœur, pendant que sa compagne meurt de faim ? Je t'avoue, mon cher Marcel, que tout cela, bien sincèrement, me fait horreur.

Cette petite évaporée d'hier soir, avec sa chanson et ses quolibets, riant et babillant chez toi, au moment même où l'autre, l'héroïne de son conte, expire dans un grenier, me soulève le cœur. Vivre ainsi en amies, presque en sœurs, pendant des jours et des semaines, courir les théâtres, les bals, les cafés, et ne pas savoir le lendemain si l'une est morte et l'autre en vie, c'est pis que l'indifférence des égoïstes, c'est l'insensibilité de la brute.

Ta mademoiselle Pinson est un monstre, et tes grisettes que tu vantes, ces mœurs sans vergogne, ces amitiés sans âme, je ne sais rien de si méprisable !

Le barbier, qui, pendant ces discours, avait écouté en silence, et continué de promener son fer froid sur la tête de Marcel, sourit d'un air malin lorsque Eugène se tut.

Tour à tour bavard comme une pie, ou plutôt comme un perruquier qu'il était, lorsqu'il s'agissait de méchants propos, taciturne et laconique comme un Spartiate dès que les affaires étaient en jeu, il avait adopté la prudente habitude de laisser toujours d'abord parler ses pratiques, avant de mêler son mot à la conversation.

L'indignation qu'exprimait Eugène en termes si violents lui fit toutefois rompre le silence.

— Vous êtes sévère, monsieur, dit-il en riant et en gasconnant.

J'ai l'honneur de coiffer mademoiselle Mimi, et je crois que c'est une fort excellente personne.

— Oui, dit Eugène, excellente en effet, s'il est question de boire et de fumer.

— Possible, reprit le barbier, je ne dis pas non. Les jeunes personnes, ça rit, ça chante, ça fume; mais il y en a qui ont du cœur.

— Où voulez-vous en venir, père Cadédis? demanda Marcel. Pas tant de diplomatie; expliquez-vous tout net.

— Je veux dire, répliqua le barbier en montrant l'arrière-boutique, qu'il y a là, pendue à un clou, une petite robe de soie noire que ces messieurs connaissent sans doute, s'ils connaissent la propriétaire, car elle ne possède pas une garde-robe très compliquée.

Mademoiselle Mimi m'a envoyé cette robe ce matin au petit jour; et je présume que, si elle n'est pas venue au secours de la petite Rougette, c'est qu'elle-même ne roule pas sur l'or.

— Voilà qui est curieux, dit Marcel, se levant et entrant dans l'arrière-boutique, sans égard pour la pauvre femme aux carreaux écossais. La chanson de Mimi en a donc menti, puisqu'elle met sa robe en gage?

Mais avec quoi diable fera-t-elle ses visites à présent? Elle ne va donc pas dans le monde aujourd'hui?

Eugène avait suivi son ami.

Le barbier ne les trompait pas : dans un coin poudreux, au milieu d'autres hardes de toute espèce, était humblement et tristement suspendue l'unique robe de mademoiselle Pinson.

— C'est bien cela, dit Marcel ; je reconnais ce vêtement pour l'avoir vu tout neuf il y a dix-huit mois. C'est la robe de chambre, l'amazone et l'uniforme de parade de mademoiselle Mimi. Il doit y avoir à la manche gauche une petite tache grosse comme une pièce de cent sous, causée par le vin de Champagne. Et combien avez-vous prêté là-dessus, père Cadédis? car je suppose que cette robe n'est pas vendue, et qu'elle ne se trouve dans ce boudoir qu'en qualité de nantissement.

— J'ai prêté quatre francs, répondit le barbier ; et je vous assure, monsieur, que c'est pure charité.

A toute autre je n'aurais pas avancé plus de quarante sous; car la pièce est diablement mûre, on y voit à travers, c'est une lanterne magique. Mais je sais que mademoiselle Mimi me payera ; elle est bonne pour quatre francs.

— Pauvre Mimi! reprit Marcel. Je gagerais tout de suite mon bonnet qu'elle n'a emprunté cette petite somme que pour l'envoyer à Rougette.

— Ou pour payer quelque dette criarde, dit Eugène.

— Non, dit Marcel, je connais Mimi ; je la crois incapable de se dépouiller pour un créancier.

— Possible encore, dit le barbier. J'ai connu mademoiselle Mimi dans une position meilleure que celle où elle se trouve actuellement ; elle avait alors un grand nombre de dettes.

On se présentait journellement chez elle pour saisir ce qu'elle possédait, et l'on avait fini, en effet, par lui prendre tous ses meubles, excepté son lit, car ces messieurs savent sans doute qu'on ne prend pas le lit d'un débiteur. Or, mademoiselle Mimi avait dans ce temps-là quatre robes fort convenables.

Elle les mettait toutes les quatre l'une sur l'autre, et elle couchait avec pour qu'on ne les saisît pas ; c'est pourquoi je serais surpris si, n'ayant plus qu'une seule robe aujourd'hui, elle l'engageait pour payer quelqu'un.

— Pauvre Mimi! répéta Marcel. Mais, en vérité, comment s'arrange-t-elle? Elle a donc trompé ses amis? elle possède donc un vêtement inconnu? Peut-être se trouve-t-elle malade d'avoir trop mangé de galette, et, en effet, si elle est au lit, elle n'a que faire de s'habiller. N'importe, père Cadédis, cette robe me fait peine, avec ses manches pendantes qui ont l'air de demander grâce ; tenez, retranchez-moi quatre francs sur les trente-cinq livres que vous venez de m'avancer, et mettez-moi cette robe dans une serviette, que je la rapporte à cette enfant. Eh bien, Eugène, continua-t-il, que dit à cela ta charité chrétienne?

— Que tu as raison, répondit Eugène, de parler et d'agir comme tu fais, mais que je n'ai peut-être pas tort ; j'en fais le pari, si tu veux.

— Soit, dit Marcel, parions un cigare, comme les membres du Jockey-Club. Aussi bien, tu n'as plus que faire ici. J'ai trente et un francs, nous sommes riches. Allons de ce pas chez mademoiselle Pinson; je suis curieux de la voir.

Il mit la robe sous son bras, et tous deux sortirent de la boutique.

VII

— Mademoiselle est allée à la messe, répondit la portière aux deux étudiants, lorsqu'ils furent arrivés chez mademoiselle Pinson.

— A la messe! dit Eugène surpris.

— A la messe! répéta Marcel. C'est impossible, elle n'est pas sortie. Laissez-nous entrer ; nous sommes de vieux amis.

— Je vous assure, monsieur, répondit la portière, qu'elle est sortie pour aller à la messe, il y a environ trois quarts d'heure.

— Et à quelle église est-elle allée?

— A Saint-Sulpice, comme de coutume ; elle n'y manque pas un matin.

— Oui, oui, je sais qu'elle prie le bon Dieu ; mais cela me semble bizarre qu'elle soit dehors aujourd'hui.

— La voici qui rentre, monsieur ; elle tourne la rue ; vous la voyez vous-même.

Mademoiselle Pinson, sortant de l'église, revenait chez elle, en effet. Marcel ne l'eut pas plus tôt aperçue, qu'il courut à elle, impatient de voir de près sa toilette. Elle avait, en guise de robe, un jupon d'indienne foncée, à demi caché sous un rideau de serge verte dont elle s'était fait, tant bien que mal, un châle. De cet accoutrement singulier, mais qui, du reste, n'attirait pas les regards, à cause de sa couleur sombre, sortaient sa tête gracieuse coiffée de son bonnet blanc, et ses petits pieds chaussés de brodequins. Elle s'était enveloppée dans son rideau avec tant d'art et de précaution, qu'il ressemblait vraiment à un vieux châle, et qu'on ne voyait presque pas la bordure. En un mot, elle trouvait moyen de plaire encore dans cette friperie et de prouver, une fois de plus sur terre, qu'une jolie femme est toujours jolie.

— Comment me trouvez-vous? dit-elle aux deux jeunes gens en écartant un peu son rideau, et en laissant voir sa fine taille serrée dans son corset. C'est un déshabillé du matin que Palmyre vient de m'apporter.

— Vous êtes charmante, dit Marcel. Ma foi, je n'aurais jamais cru qu'on pût avoir si bonne mine avec le châle d'une fenêtre.

— En vérité? reprit mademoiselle Pinson; j'ai pourtant l'air un peu paquet.

— Paquet de roses, répondit Marcel. J'ai presque regret maintenant de vous avoir rapporté votre robe.

— Ma robe? Où l'avez-vous trouvée?

— Où elle était, apparemment.

— Et vous l'avez tirée de l'esclavage?

— Eh! mon Dieu, oui, j'ai payé sa rançon. M'en voulez-vous de cette audace?

— Non pas! à charge de revanche. Je suis bien aise de revoir ma robe; car, à vous dire vrai, voilà déjà longtemps que nous vivons toutes les deux ensemble, et je m'y suis attachée insensiblement.

En parlant ainsi, mademoiselle Pinson montait lestement les cinq étages qui conduisaient à sa chambrette, où les deux amis entrèrent avec elle.

— Je ne puis pourtant, reprit Marcel, vous rendre cette robe qu'à une condition.

— Fi donc! dit la grisette. Quelque sottise! Des conditions? je n'en veux pas.

— J'ai fait un pari, dit Marcel; il faut que vous nous disiez franchement pourquoi cette robe était en gage.

— Laissez-moi donc d'abord la remettre, répondit mademoiselle Pinson; je vous dirai ensuite mon pourquoi. Mais je vous préviens que, si vous ne voulez pas faire antichambre dans mon armoire ou sur la gouttière, il faut, pendant que je vais m'habiller, que vous vous voiliez la face comme Agamemnon.

— Qu'à cela ne tienne, dit Marcel; nous sommes plus honnêtes qu'on ne pense, et je ne hasarderai pas même un œil.

— Attendez, reprit mademoiselle Pinson; je suis pleine de confiance, mais la sagesse des nations nous dit que deux précautions valent mieux qu'une.

En même temps elle se débarrassa de son rideau, et l'étendit délicatement sur la tête des deux amis, de manière à les rendre complètement aveugles.

— Ne bougez pas, leur dit-elle; c'est l'affaire d'un instant.

— Prenez garde à vous, dit Marcel. S'il y a un trou au rideau, je ne réponds de rien. Vous ne voulez pas vous contenter de notre parole, par conséquent elle est dégagée.

— Heureusement ma robe l'est aussi, dit mademoiselle Pinson; et ma taille aussi, ajouta-t-elle en riant et en jetant le rideau par terre. Pauvre petite robe! il me semble qu'elle est toute neuve. J'ai un plaisir à me sentir dedans!

— Et votre secret? nous le direz-vous maintenant? Voyons, soyez sincère, nous ne sommes pas bavards. Pourquoi et comment une jeune personne comme vous, sage, rangée, vertueuse et modeste, a-t-elle pu accrocher ainsi, d'un seul coup, toute sa garde-robe à un clou?

— Pourquoi?... Pourquoi?... répondit mademoiselle Pinson, paraissant hésiter; puis elle prit les deux jeunes gens chacun par un bras, et leur dit en les poussant vers la porte : Venez avec moi, vous le verrez.

Comme Marcel s'y attendait, elle les conduisit rue de l'Éperon.

VIII

Marcel avait gagné son pari. Les quatre francs et le morceau de galette de mademoiselle Pinson étaient sur la table de Rougette, avec les débris du poulet d'Eugène.

La pauvre malade allait un peu mieux, mais elle gardait encore le lit; et, quelle que fût sa reconnaissance envers son bienfaiteur inconnu, elle fit dire à ces messieurs, par son amie, qu'elle les priait de l'excuser, et qu'elle n'était pas en état de les recevoir.

— Que je la reconnais bien là! dit Marcel; elle mourrait sur la paille dans sa mansarde, qu'elle ferait encore la duchesse vis-à-vis de son pot à l'eau.

Les deux amis, bien qu'à regret, furent donc obligés de s'en retourner chez eux comme ils étaient venus, non sans rire entre eux de cette fierté et de cette discrétion si étrangement nichées dans une mansarde.

Après avoir été à l'École de médecine suivre les leçons du jour, ils dînèrent ensemble, et, le soir venu, ils firent un tour de promenade au boulevard Italien. Là, tout en fumant le cigare qu'il avait gagné le matin :

— Avec tout cela, disait Marcel, n'es-tu pas forcé de convenir que j'ai raison d'aimer, au fond, et même d'estimer ces pauvres créatures? Considérons sainement les choses sous un point de vue philosophique. Cette petite Mimi, que tu as tant calomniée, ne fait-elle pas, en se dépouillant de sa robe, une œuvre plus louable, plus méritoire, j'ose même dire plus chrétienne, que le bon roi Robert en laissant un pauvre couper la frange de son manteau? Le bon roi Robert, d'une part, avait évidemment quantité de manteaux ; d'un autre côté, il était à table, dit l'histoire, lorsqu'un mendiant s'approcha de lui, en se traînant à quatre pattes, et coupa avec des ciseaux la frange d'or de l'habit de son roi. Madame la reine trouva la chose mauvaise, et le digne monarque, il est vrai, pardonna généreusement au coupeur de franges ; mais peut-être avait-il bien dîné. Vois quelle distance entre lui et Mimi ! Mimi, quand elle a appris l'infortune de Rougette, assurément était à jeun. Sois convaincu que le morceau de galette qu'elle avait emporté de chez moi était destiné par avance à composer son propre repas. Or, que fait-elle ? Au lieu de déjeuner, elle va à la messe, et en ceci elle se montre encore au moins l'égale du roi Robert, qui était fort pieux, j'en conviens, mais qui perdait son temps à chanter au lutrin, pendant que les

Normands faisaient le diable à quatre. Le roi Robert abandonne sa frange, et, en somme, le manteau lui reste. Mimi envoie sa robe tout entière au père Cadédis, action incomparable en ce que Mimi est femme, jeune, jolie, coquette et pauvre ; et note bien que cette robe lui est nécessaire pour qu'elle puisse aller, comme de coutume, à son magasin, gagner le pain de sa journée. Non seulement donc elle se prive du morceau de galette qu'elle allait avaler, mais elle se met volontairement dans le cas de ne pas dîner. Observons en outre que le père Cadédis est fort éloigné d'être un mendiant, et de se traîner à quatre pattes sous la table. Le roi Robert, renonçant à sa frange, ne fait pas un grand sacrifice, puisqu'il la trouve toute coupée d'avance, et c'est à savoir si cette frange était coupée de travers ou non, et en état d'être recousue ; tandis que Mimi, de son propre mouvement, bien loin d'attendre qu'on lui vole sa robe, arrache elle-même de dessus son pauvre corps ce vêtement, plus précieux, plus utile que le clinquant de tous les passementiers de Paris. Elle sort vêtue d'un rideau ; mais sois sûr qu'elle n'irait pas ainsi dans un autre lieu que l'église. Elle se ferait plutôt couper un bras que de se laisser voir ainsi fagotée au Luxembourg ou aux Tuileries; mais elle ose se montrer à Dieu, parce qu'il est l'heure où elle prie tous les jours. Crois-moi, Eugène, dans ce seul fait de traverser avec son rideau la place Saint-Michel, la rue de Tournon et la rue du Petit-Lion, où elle connaît tout le monde, il y a plus de courage, d'humilité et de religion véritable que dans toutes les hymnes du bon roi Robert dont tout le monde parle pourtant, depuis le grand Bossuet jusqu'au plat Anquetil, tandis que Mimi mourra inconnue dans son cinquième étage entre un pot de fleurs et un ourlet.

— Tant mieux pour elle, dit Eugène.

— Si je voulais maintenant, dit Marcel, continuer à comparer, je pourrais te faire un parallèle entre Mucius Scævola et Rougette. Penses-tu, en effet, qu'il soit plus difficile à un Romain du temps de Tarquin de tenir son bras, pendant cinq minutes, au-dessus d'un réchaud allumé, qu'à une grisette contemporaine de rester vingt-quatre heures sans manger? Ni l'un ni l'autre n'ont crié, mais examine par quels motifs. Mucius est au milieu d'un camp, en présence d'un roi étrusque qu'il a voulu assassiner ; il a manqué son coup d'une manière pitoyable, il est entre les mains des gendarmes. Qu'imagine-t-il ? Une bravade. Pour qu'on l'admire avant qu'on le pende, il se roussit le poing sur un tison (car rien ne prouve que le brasier fût bien chaud, ni que le poing soit tombé en cendres). Là-dessus, le digne Porsenna, stupéfait de sa fanfaronnade, lui pardonne et le renvoie chez lui. Il est à parier que ledit Porsenna, capable d'un tel pardon, avait une bonne figure, et que Scævola se doutait que, en sacrifiant son bras, il sauvait sa tête. Rougette, au contraire, endure patiemment le plus horrible et le plus lent des supplices, celui de la faim ; personne ne la regarde. Elle est seule au fond d'un grenier, et elle n'a là pour l'admirer ni Porsenna, c'est-à-dire le baron, ni les Romains, c'est-à-dire les voisins, ni les Étrusques, c'est-à-dire ses créanciers, ni même le brasier, car son poêle est éteint. Or, pourquoi souffre-t-elle sans se plaindre ? Par vanité d'abord, cela est certain, mais Mucius est dans le même cas ; par grandeur d'âme ensuite, et ici est sa gloire, car si elle reste muette derrière son verrou, c'est précisément pour que ses amis ne sachent pas qu'elle se meurt, pour qu'on n'ait pas pitié de son courage, pour que sa camarade Pinson, qu'elle sait bonne et toute dévouée, ne soit pas obligée, comme elle l'a fait, de lui donner sa robe et sa galette. Mucius, à la place de Rougette, eût fait semblant de mourir en silence, mais c'eût été dans un carrefour ou à la porte de Flicoteaux. Son taciturne et sublime orgueil eût été une manière délicate de demander à l'assistance un verre de vin et un croûton. Rougette, il est vrai, a demandé un louis au baron, que je persiste à comparer à Porsenna. Mais ne vois-tu pas que le baron doit évidemment être redevable à Rougette de quelques obligations personnelles? Cela saute aux yeux du moins clairvoyant. Comme tu l'as, d'ailleurs, sagement remarqué, il se peut que le baron soit à la campagne, et dès lors Rougette est perdue. Et ne crois pas pouvoir me répondre ici par cette vaine objection qu'on oppose à toutes les belles actions des femmes, à savoir qu'elles ne savent ce qu'elles font, et qu'elles courent au danger comme les chats sur les gouttières. Rougette sait ce qu'est la mort; elle l'a vue de près au pont d'Iéna, car elle s'est déjà jetée à l'eau une fois, et je lui ai demandé si elle avait souffert. Elle m'a dit que non, qu'elle n'avait rien senti, excepté au moment où on l'avait repêchée parce que les bateliers la tiraient par les jambes, et qu'ils lui avaient, à ce qu'elle disait, *râclé* la tête sur le bord du bateau.

— Assez! dit Eugène, fais-moi grâce de tes affreuses plaisanteries. Réponds-moi sérieusement : crois-tu que de si horribles épreuves, tant de fois répétées, toujours menaçantes, puissent enfin porter quelque fruit? Ces pauvres filles, livrées à elles-mêmes, sans appui, sans conseil, ont-elles assez de bon sens pour avoir de l'expérience? Y a-t-il un démon, attaché à elles, qui les voue à tout jamais au malheur et à la folie, ou, malgré tant d'extravagances, peuvent-elles revenir au bien? En voilà une qui prie Dieu, dis-tu; elle va à l'église, elle remplit ses devoirs, elle vit honnêtement de son travail; ses compagnes paraissent l'estimer... et vous autres, mauvais sujets, vous ne la traitez pas vous-mêmes avec votre légèreté habituelle. En voilà une autre qui passe sans cesse de l'étourderie à la misère, de la prodigalité aux horreurs de la faim. Certes, elle doit se rappeler longtemps les leçons cruelles qu'elle reçoit. Crois-tu que, avec de sages avis, une conduite réglée, un peu d'aide, on puisse faire de telles femmes des êtres raisonnables ? S'il en est ainsi, dis-le-moi ; une occasion s'offre à nous. Allons de ce pas chez la pauvre Rougette ; elle est sans doute encore bien souffrante, et son amie veille à son chevet. Ne me décourage pas, laisse-moi agir. Je veux essayer de les ramener dans la bonne route, de leur parler un langage sincère ; je ne veux leur faire ni sermon ni reproches. Je veux m'approcher de ce lit, leur prendre la main, et leur dire....

En ce moment, les deux amis passaient devant le café Tortoni. La silhouette de deux jeunes femmes, qui prenaient des glaces près d'une fenêtre, se dessinait à la clarté des lustres. L'une d'elles agita son mouchoir, et l'autre partit d'un éclat de rire.

— Parbleu ! dit Marcel, si tu veux leur parler, nous n'avons que faire d'aller si loin, car les voilà,

Dieu me pardonne ! Je reconnais Mimi à sa robe, et Rougette à son panache blanc, toujours sur le chemin de la friandise. Il paraît que monsieur le baron a bien fait les choses.

IX

— Et une pareille folie, dit Eugène, ne t'épouvante pas ?

— Si fait, dit Marcel ; mais, je t'en prie, quand

tu diras du mal des grisettes, fais une exception pour la petite Pinson. Elle nous a conté une histoire à souper, elle a engagé sa robe pour quatre francs, elle s'est fait un châle avec un rideau; et qui dit ce qu'il sait, qui donne ce qu'il a, qui fait ce qu'il peut, n'est pas obligé à davantage.

ACHEVÉ D'IMPRIMER

A PARIS

LE 30 JUILLET 1899

SUR LES PRESSES DE LAHURE

PAR LES SOINS

D'EUGÈNE RODRIGUES

PRÉSIDENT DES CENT BIBLIOPHILES

LES EAUX-FORTES TIRÉES

PAR

PORCABEUF FRÈRES

www.ingramcontent.com/pod-product-compliance
Lightning Source LLC
LaVergne TN
LVHW050629090426
835512LV00007B/752